BEI GRIN MACHT SICH IHR
WISSEN BEZAHLT

AF167951

- Wir veröffentlichen Ihre Hausarbeit,
  Bachelor- und Masterarbeit

- Ihr eigenes eBook und Buch -
  weltweit in allen wichtigen Shops

- Verdienen Sie an jedem Verkauf

Jetzt bei www.GRIN.com hochladen
und kostenlos publizieren

Bibliografische Information der Deutschen Nationalbibliothek:

Die Deutsche Bibliothek verzeichnet diese Publikation in der Deutschen National-
bibliografie; detaillierte bibliografische Daten sind im Internet über http://dnb.d-
nb.de/ abrufbar.

Impressum:

Copyright © 2017 GRIN Verlag
Druck und Bindung: Books on Demand GmbH, Norderstedt Germany
ISBN: 9783346082978

Dieses Buch bei GRIN:

https://www.grin.com/document/509791

Eloise Hammer

Management von Sportvereinen

Personalmanagement, Gründung eines Vereins

GRIN Verlag

GRIN - Your knowledge has value

Der GRIN Verlag publiziert seit 1998 wissenschaftliche Arbeiten von Studenten, Hochschullehrern und anderen Akademikern als eBook und gedrucktes Buch. Die Verlagswebsite www.grin.com ist die ideale Plattform zur Veröffentlichung von Hausarbeiten, Abschlussarbeiten, wissenschaftlichen Aufsätzen, Dissertationen und Fachbüchern.

Besuchen Sie uns im Internet:

http://www.grin.com/

http://www.facebook.com/grincom

http://www.twitter.com/grin_com

Einsendeaufgaben

„Management von Sportvereinen"

Alternative B

Abgegeben am 20.03.2017 im Prüfungssekretariat

SRH Fernhochschule Riedlingen

SRH Fernhochschule Riedlingen

Modul: Management von Sportvereinen

Studiengang: Sportmanagement

von

Eloise Hammer

Studiengang: Sportmanagement

Inhaltsverzeichnis

Abkürzungsverzeichnis

AG	Aktiengesellschaft
DFB	Deutscher Fußball Bund
e. V.	eingetragener Verein
FC	Fußball Club
GmbH	Gesellschaft mit beschränkter Haftung
GmbH & Co. KG	Gesellschaft mit beschränkter Haftung & Compagnie Kommanditgesellschaft
SC	Sport Club
SWOT	Strenghts, Weaknesses, Opportunities & Threaths
VFL	Verein für Leibesübungen
Vgl.	Vergleich
z.B.	zum Beispiel

Textteil zu Aufgabe B1

Das Personalmanagement in nicht-kommerziellen Sportvereinen ist ähnlich dem in gewinnorientierten Unternehmen Je stärker sich der Non-Profit Sportverein jedoch von einem For-Profit-Sportverein unterscheidet, desto weniger kann auf die Managementstrategien und -instrumente der betrieblichen Personalwirtschaft zurückgegriffen werden.[1]

Befasst man sich mit dem Personalmanagement in nicht-kommerziellen Sportorganisationen, muss zunächst auf die ehrenamtliche Mitarbeit und ihre Besonderheiten eingegangen werden, denn sie stellt eine der wesentlichen Ressourcen des Sportvereins dar. Eine Abgrenzung des Ehrenamtes gegenüber einer hauptamtlichen Tätigkeit kann anhand von sechs Merkmalen erfolgen:[2]

- **Freiwilligkeit**: Es liegt kein Arbeitsvertrag zugrunde
- **Organisatorische Anbindung**: Aktivität im Rahmen einer Vereinsmitgliedschaft
- **Nebenberuflichkeit**: Engagement außerhalb der Hauptberuflichkeit
- **Unentgeltlichkeit**: Einkommenserzielung ist nicht Hauptzweck der Tätigkeit
- **Laienarbeit**: Oftmals keine fachspezifische Ausbildung der Ehrenamtlichen
- **Fremdhilfe**: Die Arbeit kommt – zumindest teilweise – Dritten zugute.

Das ehrenamtliche Engagement lässt sich in verschiedene Bereiche unterteilen, wobei viele ehrenamtliche Mitarbeiter in mehreren Bereichen gleichzeitig tätig sind. Zu den Bereichen zählen operative Tätigkeiten im Sportbereich, die Wartung und Pflege von Vereinsanlagen, sowie administrative Tätigkeiten im Bereich Führung und Verwaltung. Die freiwillige Bereitschaft zur Mitarbeit ist für Sportvereine ein knappes Gut, denn sie wird unter Umständen durch bezahlte Arbeit von Honorarkräften oder Vereinsangestellten ersetzt. Bei der Personalplanung geht es vor allem darum, personelle Ressourcen sicherzustellen, die zur Realisierung des (satzungsmäßigen) Zweckes eines Sportvereins erforderlich sind.[3]

Das Personalmanagement in nicht-kommerziellen Sportvereinen lässt sich in vier Bereiche einteilen. Die Personalbedarfsplanung, die Personalrekrutierung, die Personalauswahl und der Personaleinsatz, sowie die Personalentwicklung.

---

[1] Vgl. Nagel, S./ Schlesinger, N.: 2012, S. 236
[2] Vgl. Nagel, S./ Schlesinger, N.: 2012, S. 237
[3] Vgl. Nagel, S./ Schlesinger, N.: 2012, S. 238

Beim ersten Schritt des Personalmanagements geht es um die Personalbedarfsplanung.[4] Diese ermittelt den quantitativen, qualitativen, zeitlichen und örtlichen Arbeitskräftebedarf. Bei Sportvereinen ist die rationale Planung untypisch und oft nur bedingt möglich. Die Mitarbeit der Vorstandsmitglieder, sowie der Trainer im Jugendbereich erfolgt unentgeltlich. Oft stellt sich nicht die Frage, wie die verschiedenen Stellen im Vorstand und die Trainerstellen besetzt sind bzw. werden, sondern ob sie überhaupt besetzt werden können. Ebenfalls können die zu bewältigenden Aufgaben gar nicht oder nur unzureichend erfüllt werden, weil die wenigen Personen im Verein, die sich ehrenamtlich engagieren überlastet sind und sich neue Freiwillige nur äußerst schwer gewinnen lassen. Da ein Ehrenamt oft mit erheblichen Aufgaben und Pflichten verbunden ist, schrecken viele Mitglieder davor zurück, sich für ein solches Amt zur Verfügung zu stellen.[5]

Bei nicht-kommerziellen Sportvereinen erfolgt also eine Umkehrung der Logik der Personalbedarfsplanung. Verschiedene Positionen werden meist nicht nach Bedarf besetzt, sondern erst nach dem quantitativen und qualitativen Angebot an Arbeitskräften gebildet. Erschwerend kommt hinzu, dass die Ehrenamtlichkeit nur in der Freizeit ausgeübt wird und dadurch Unsicherheiten hinsichtlich der zeitlichen Verfügbarkeit entstehen. Die Personalplanung befindet sich häufig in der Zwangslage eine Verwaltung des möglichen zu betreiben. Im Rahmen der Bedarfsanalyse ist daher abzuwägen, inwieweit bestimmte Bereiche besser durch neben- bzw. hauptamtliche Mitarbeiter abgedeckt werden sollten.[6]

Der zweite Schritt des Personalmanagements ist die Personalrekrutierung.[7] Die Rekrutierung qualifizierter und engagierter ehrenamtlicher Mitarbeiter wird als eines der größten Managementprobleme gesehen. Gelingt dies den Sportvereinen nicht, geht ein hohes Maß an Leistungsfähigkeit verloren.

Die Rekrutierung erfolgt meist innerhalb der eigenen Reihen. Es geht auch darum, bisher passive Mitglieder des Sportvereins zu aktivieren bzw. den Aktivitätsgrad der Mitglieder zu steigern. Eine externe Personalbeschaffung funktioniert nur über die Gewinnung neuer Mitglieder, da alle ehrenamtlichen Mitarbeiter auch Mitglieder des Vereins sein müssen.

---

[4] Vgl. Nagel, S./ Schlesinger, N.: 2012, S. 239
[5] Vgl. Fink, N./ Ingerfurth, S.: 2016, S.41
[6] Vgl. Nagel, S./ Schlesinger, N.: 2012, S. 239
[7] Vgl. Nagel, S./ Schlesinger, N.: 2012, S. 239f.

Schritt drei des Personalmanagements ist die Personalauswahl und der Personaleinsatz.[8] Die verfügbaren und zu belegenden Stellen innerhalb von Vereinen werden nicht öffentlich ausgeschrieben und die Mitarbeiter müssen keine bestimmten Qualifikationen nachweisen. Dies offenbart eine weitere Herausforderung des Personalmanagements in nicht-kommerziellen Sportvereinen.

Der vierte und letzte Schritt des Personalmanagements ist die Personalentwicklung.[9] Da Vereine sich die kostspieligen Qualifizierungs- und Fortbildungsmaßnahmen nicht leisten können, vertrauen sie auf lange Sozialisierungsprozesse innerhalb der Vereinigung. Je mehr der Einzelne Schrittweise in die Vereinsarbeit hineinwächst und dabei in unterschiedlichen Tätigkeitsbereichen aktiv ist, desto mehr Fähigkeiten kann er entwickeln, die hinterher vielfältige Einsatzmöglichkeiten zulassen.

In einem Praxisbeispiel soll der nicht-kommerzielle Sportverein des FC Rot-Weiß Großauheim 1975 e.V. betrachtet werden und welche Herausforderungen im Personalmanagement von Non-Profit Sportvereinen auftreten.

Die beschriebenen Probleme lassen sich anhand des Vorstands des FC Rot-Weiß Großauheim gut verdeutlichen. Der Vorstand besteht aus fünf Ämtern. Dem 1. Vorsitzenden, dem Geschäftsführenden Vorstand (von 2 Personen ausgeübt), dem Abteilungsleiter der Herren und dem Abteilungsleiter der Jugend. Obwohl auch das Amt für den Abteilungsleiter der Damen wichtig ist, ist dieser Posten nicht besetzt. Der Grund dafür ist mangelndes Personal bzw. mangelnde Zeit. Das Amt des Geschäftsführenden Vorstands und des Abteilungsleiters der Jugend wird ebenfalls auf Grund mangelnden Personals von derselben Person ausgeführt.[10]

Der Verein zählt aktuell über 100 Mitglieder[11] und nur sehr wenige dieser Mitglieder engagieren sich ehrenamtlich im Verein. Für das Personalmanagement ist das eine große Herausforderung, denn die Mitglieder können nicht gezwungen werden, sich innerhalb des Vereins zu engagieren. Eine Möglichkeit bestünde jedoch darin, die Bereitschaft zur ehrenamtlichen Arbeit satzungsmäßig zu verankern. Problematisch ist allerdings, dass dieser Schritt für viele potenzielle neue Mitglieder eine Eintrittsbarriere darstellen könnte bzw. würde.[12]

---

[8] Vgl. Nagel, S./ Schlesinger, N.: 2012, S. 240
[9] Vgl. Nagel, S./ Schlesinger, N.: 2012, S. 241
[10] http://www.fcrotweissgrossauheim.de (08.03.2017)
[11] https://www.op-online.de (08.03.2017)
[12] Vgl. Fink, N./ Ingerfurth, S.: 2016, S.7

Eine weitere Herausforderung ist, dass in einem Sportverein nur eine eingeschränkte Auswahl an Personen für Führungspositionen in Frage kommt. Nämlich solche, die freiwillig zur Verfügung stehen und Personen die dafür geeignet sind. Eine langjährige Mitgliedschaft und Verbundenheit stellt die wichtigste Legitimation für das Führungshandeln in Sportvereinen dar.

Würde sich intern ein Interessent für eine Stelle im Vorstand interessieren, deren Posten noch nicht besetzt ist, ist man froh, dass diese Stelle jemand belegen möchte. Es wird nicht abgewogen, ob der- oder diejenige die notwendigen Qualifikationen dafür aufweist. Das führt zu dem möglichen Problem, dass eine Stelle von jemandem besetzt ist, der in dieser Funktion weder Erfahrung hat, noch das notwendige Knowhow besitzt. Dadurch, dass ehrenamtlich Tätige Mitglieder im Verein sein müssen, schränkt sich der Kreis potenzieller Mitarbeiter und deren Kompetenzen enorm ein.[13]

Für den Sportverein ist bei der Arbeit mit ehrenamtlichen Mitarbeitern besonders wichtig, diese zu motivieren.[14] Da bei ehrenamtlicher Arbeit die ökonomische Tauschbeziehung „Arbeitsleistung gegen Entgelt" fehlt, dürften die Beweggründe zur ehrenamtlichen Mitarbeit direkt mit den Zielen der Organisation oder mit dem Selbst des Handelnden verbunden sein. Der Verein muss dementsprechend besondere Anreize bieten, um Mitglieder zur aktiven Mitarbeit zu motivieren. Dazu zählen Arbeitszufriedenheit, solidargemeinschaftliche Handlungsorientierung als Bindungsmechanismus, materielle – und immaterielle Anreize.

Wenn man Management in nicht-kommerziellen Vereinen einsetzt, kann es zu „Gefahren", aber auch zu Chancen kommen. Betrachtet man die Instrumente der Betriebswirtschaftslehre, finden sich im Management von non-profit Vereinen Instrumente aus den Bereichen Personalmanagement, Marketing, Finanzmanagement und Controlling. Geht man vom Personalmanagement aus, geht es in den nicht-kommerziellen Vereinen grundsätzlich erst einmal darum, personelle Ressourcen sicherzustellen, die zur Realisierung des Zweckes eines Sportvereins erforderlich sind.[15] Es können Konflikte entstehen, da in diesen Vereinen ehrenamtliche und bezahlte Mitarbeiter zusammenarbeiten. Non-Profit Vereine arbeiten unter einzigartigen Führungsbedingungen mit von Freiwilligen besetzten Vorständen, Ämtern und sensiblen,

---

[13] Vgl. Nagel, S./ Schlesinger, N.: 2012, S. 240
[14] Vgl. Nagel, S./ Schlesinger, N.: 2012, S. 242
[15] Vgl. Nagel, S./ Schlesinger, N.: 2012, S. 238

8

oft unbeständigen Beziehungen zwischen Vorstand und Angestellten.[16] Um Konfliktpotenzial zu minimieren, ist es wichtig, dass beide Arbeitsformen zu einer leistungsfähigen Arbeit verbunden werden.[17] Man erwartet von nicht-kommerziellen Sportvereinen außerdem, dass sie innerhalb einer Region zusammenarbeiten, um verschwenderischen Wettbewerb und Verdoppelungen zu vermeiden und dass sie komplexe Beziehungen zu einer Vielzahl von Stakeholdern managen.[18]

Weitere Risiken bilden sich bei der Betrachtung des Finanzmanagements und Marketings in nicht-kommerziellen Sportvereinen. Die Vereine finanzieren sich größtenteils durch Sponsoren. Sponsoring stellt das Prinzip von Leistung (Sponsor) und Gegenleistung (Gesponserter) dar. Bei nichtkommerziellen Sportvereinen stellt sich allerdings die Frage, was genau die Gegenleistung ist. Das Sponsoring in diesen Vereinen ist eher mit einer Unternehmensspende gleichzusetzen, da bei der erbrachten Leistung des Sponsors die Gegenleistung (echter Marketingeffekt) ausbleibt.[19] Da es in einigen Regionen allerdings nicht Unmengen an Sponsoren gibt und es auch in non-profit Organisationen eine wachsende kommerzielle Orientierung gibt, steigt der Wettbewerb der einzelnen Vereine, um die wenigen verfügbaren Sponsoren.[20] Da die Vereine aber von ehrenamtlichen Mitarbeitern geführt werden und diese oftmals keine gelernten Personalien im Bereich des Finanzmanagements sind, ist diese Arbeit auf Grund der Vielseitigen Finanzierung oft schwierig. Sie sind typischerweise verwickelt in die Beschaffung und das Managen von Geld, das aus sehr verschiedenen Quellen kommt.[21] Auch Instrumente aus dem Bereich Controlling finden sich in den Managementherausforderungen von nichtkommerziellen Sportvereinen wieder. Diese ermöglichen den Vereinen die Chance, ihre Arbeit auf die herrschenden Umweltbedingungen anzupassen. Dafür gibt es unterschiedliche Verfahren. Das Risikomanagement z.B. identifiziert im Vorfeld aller Planungen die möglichen Risiken und deren Auswirkungen innerhalb des Vereins.[22] Die PEST-Analyse beispielsweise ist ein Modell der externen Umweltanalyse und stellt dar, welchen Einfluss die Kategorien **P**olitical, **E**conomic, **S**ociological and **T**echnological und Chance auf den Verein haben.[23] Das Porters Fünf-Kräfte-Modell ist ein Hilfsmittel zur Strategieanalyse in der unternehmerischen Planung und kann auch auf Vereinsebene

[16] Vgl. Young, D.: 1999 S. 72
[17] Vgl. Fink, N./ Ingerfurth, S.: 2016, S.63
[18] Vgl. Young, D.: 1999 S. 72
[19] Vgl. Fink, N./ Ingerfurth, S.: 2016, S.61
[20] Vgl. Fink, N./ Ingerfurth, S.: 2016, S.63
[21] Vgl. ebenda
[22] Vgl. Fink, N./ Ingerfurth, S.: 2016, S.35
[23] Vgl. Fink, N./ Ingerfurth, S.: 2016, S.62

angewandt werden. Damit können die fünf Wettbewerbsfaktoren bestimmt werden und mit welcher Intensität sie sich auf die Arbeit des Vereins auswirken und bestimmen somit die zukünftige Strategie.[24] Mit Hilfe der SWOT-Analyse kann ein Verein seine Position bestimmen und eine Strategieentwicklung vornehmen. Sie dient vor allem als Grundlage für Marketingstrategien[25] und ist somit wiederum verknüpft mit dem Sponsoring.

---

[24] Vgl. ebenda
[25] Vgl. Fink, N./ Ingerfurth, S.: 2016, S.63

Textteil zu Aufgabe B2

Um einen Verein zu gründen, bedarf es der Einhaltung einiger Richtlinien. Wenn der neu gegründete Verein in das Vereinsregister eingetragen werden soll, benötigt man zur Gründung mindestens sieben Gründungsmitglieder. Bevor es zur Gründungsversammlung kommt, sollte ein Satzungsentwurf erstellt werden. Wenn möglich, sollte man diesen Satzungsentwurf im Voraus vom Amtsgericht und vom Finanzamt prüfen lassen, ob er den Vorschriften entspricht. Damit verhindert man, dass nach der Gründungsversammlung Fehler aufgedeckt werden, die eine Eintragung im Vereinsregister oder eine Anerkennung als gemeinnützig unmöglich machen.[26]

Im Vorfeld der Gründungsversammlung sollte außerdem geklärt werden, wer für die Wahl des Vorstands kandidiert usw. Anschließend wird zur Gründungsversammlung eingeladen und diese wird protokollfest durchgeführt. Dazu gehört der Beschluss, dass der Verein gegründet wird; der Beschluss, dass die Satzung so verabschiedet wird; die Durchführung der ersten beiden Vorstandswahlen und der Beitritt der Gründungsmitglieder in den neuen Verein. Nach der Gründungsversammlung wird dann der neue Verein beim Vereinsregister angemeldet.[27]

Um den Verein in das Vereinsregister einzutragen, müssen das Original der Satzung mit den Unterschriften der sieben Gründungsmitglieder, eine Abschrift der Satzung, eine Kopie des Gründungsprotokolls, eine Teilnehmerliste und der Eintragungsantrag eingereicht werden. Zuständig für die Eintragung des Vereins in das Vereinsregister ist dann das örtliche Amtsgericht, bei dem der Verein künftig seinen Sitz hat.[28]

Ist der Verein nun im Vereinsregister eingetragen, geht es darum zu klären, welche Rechtsform für einen neu gegründeten Profisportverein die ideale Rechtsform darstellt. Die Rechtsform des eingetragenen Vereins bezieht sich auf das Konstrukt eines Idealvereins und ist unter den etwa 90.000 Sportvereinen in Deutschland die am häufigsten verbreitete Rechtsform.[29] Nachdem der DFB die Ausgliederung in Kapitalgesellschaften im Jahr 1998 zugelassen hat, greifen immer mehr Vereine auf die Möglichkeit zurück, ihre Profi-Abteilungen als Kapitalgesellschaften, GmbHs oder GmbH & Co. KGs auszugliedern.[30] Zu den Eigenschaften des Idealvereins (e.V.) zählen

---

[26] Vgl. Fink, N./ Ingerfurth, S./ Steinhügl, C.: 2016, S.19
[27] Vgl. ebenda
[28] Vgl. Fink, N./ Ingerfurth, S./ Steinhügl, C.: 2016, S.22
[29] Vgl. Ingwersen, F (09. März 2017), http://www.abseits.at
[30] Vgl. dazu ausführlich Zacharias (1999), Habersack (1998) und Müller (2000)

Gemeinnützigkeit und finanzielles Gleichgewicht. Der erwerbswirtschaftliche Aspekt, sollte dabei in den Hintergrund rücken. Es ist das Ziel, ein generationsübergreifendes Sportangebot zu erstellen und nebenbei durch Subventionen und Steuervergünstigungen die Existenz zu sichern. Erträge werden eingehalten und in den Verein reinvestiert – der wirtschaftliche Geschäftsbetrieb sollte nur als Nebenzweck verfolgt werden.[31] Betrachtet man diese Vorgehensweise nun im Bereich des Profisports bzw. Profifußballs wird klar, dass diese „Optimale des Idealvereins" in kaum einem Verein eingehalten werden können. In der Literatur ist häufig von einer Rechtsformverfehlung der Lizenzspielerabteilungen, der als e.V. organisierten Profivereine, die Rede. Als Argument dafür werden vor allem die hohen Umsätze, der als Idealverein organisierten Clubs genannt.[32] Als Alternative zum e.V. kommen drei weitere Formen von Wirtschaftsunternehmen in Frage:[33]

- **Die Aktiengesellschaft (AG):** Es ist möglich, die Lizenzmannschaft in eine Aktiengesellschaft, kurz AG, auszugliedern Allerdings sieht das Aktiengesetz eine Vielzahl von rechtlichen Vorgaben vor, die die Aktiengesellschaft in ein verhältnismäßig enges Korsett schnüren. Zudem befinden sich die Aktien im freien Verkauf, so dass diese grundsätzlich von jedem verhältnismäßig leicht erworben werden können.

- **Die GmbH:** Die Gesellschaft mit beschränkter Haftung bietet die Möglichkeit, die Haftung der Gesellschaft auf deren Stammkapital zu begrenzen, um somit eine unbeschränkte Haftung zu verhindern. Allerdings können die Gesellschaftsanteile nur mit verhältnismäßig großem Aufwand verkauft werden.

- **Die GmbH & Co. KGaA:** Die Kommanditgesellschaft aus Aktien, kurz KGaA, ist eine Mischform zwischen einer Aktien- und einer Kommanditgesellschaft. Bei der KGaA muss mindestens ein Gesellschafter den Gesellschaftsgläubigern unbeschränkt haften (Komplementär). Die übrigen Gesellschafter sind über das in Aktien zerlegte Grundkapital an der KGaA beteiligt, ohne persönlich für die Verbindlichkeiten der Gesellschaft zu haften (Kommanditaktionäre). Ist der Komplementär der Kommanditgesellschaft eine GmbH spricht man von der

---

[31] Vgl. Ahonoukoun, F (09. März 2017), http://90-m.com
[32] Vgl. Ingwersen, F (09. März 2017), http://www.abseits.at
[33] Vgl. Beiten Burckhard (09.März 2017), http://blog.bblaw.com

GmbH & Co. KGaA. Vorteil dieser Gesellschaftsform ist, dass zum einen die unbeschränkte Haftung ausgeschlossen ist und zum anderen eine „feindliche Übernahme", anders als bei der AG, kaum möglich ist. Ein weiterer Vorteil dieser Rechtsform besteht darüber hinaus in der relativ einfachen Möglichkeit, Kapital zu beschaffen.

In der deutschen Fußball-Bundesliga werden fünf der achtzehn Erstliga-Vereine noch als eingetragener Verein geführt.[34] Die anderen dreizehn Vereine haben unterschiedliche Rechtsformen. Borussia Dortmund e.V. beispielsweise hat eine Ausgliederung des Lizenzspielerbereichs auf die Borussia Dortmund GmbH & Co. KGaA mit anschließendem Börsengang der Fußballkapitalgesellschaft im Oktober 2000 vollzogen.[35] 2002 zog der FC Bayern München e.V. nach und vollzog die Ausgliederung der Lizenzspielerabteilung auf die FC Bayern München AG.[36] Der TSV Bayer 04 Leverkusen e.V. hat seine Profiabteilung auf eine Kapitalgesellschaft in der Rechtsform der GmbH ausgegliedert. Der SC Freiburg e.V. hingegen, ist nur noch einer von wenigen Vereinen, die immer noch in der Rechtsform des eingetragenen Vereins organisiert sind.[37]

Welche Rechtsform die ideale für eine Ausgliederung ist, darüber lässt sich streiten. Tatsache ist jedoch, dass der Wahl der Rechtsform bei der Umstrukturierung eine zentrale Bedeutung zukommt, da sie letztlich darüber entscheidet, ob und in welchem Umfang sich die durch die Ausgliederung verfolgten Ziele erreichen lassen.[38] Je nachdem für welche Rechtsform man sich entscheidet, gibt es eine Reihe von Vor-und Nachteilen. Grundsätzlich vorteilhaft ist die Rechtsform der AG und der KGaA, da nur bei diesen beiden Rechtsformen sichergestellt werden kann, dass neues Kapital zufließt. Eine Ausgliederung auf eine GmbH kommt nur für Vereine in Frage, die durch einen langjährigen Sponsor einen sicheren Kapitalgeber haben und keine neue Kapitalquelle brauchen. Diese Möglichkeit dürfte aber nur für einen sehr geringen Teil an Vereinen in Frage kommen. Unabhängig von der Rechtsform, für die der Verein sich entscheidet, ist ihm die Einflussnahme auf die ausgegliederte Kapitalgesellschaft gesichert. Bei der KGaA, die die Vereine am häufigsten wählen scheinen die besten Einflussmöglichkeiten

[34] Vgl. Ingwersen, F (09. März 2017), http://www.abseits.at
[35] Vgl. Der Tagesspiegel (10. März 2017) http://www.tagesspiegel.de
[36] Vgl. ebenda
[37] Vgl. Ingwersen, F (09. März 2017), http://www.abseits.at
[38] Vgl. Deutscher Bundestag (10. März 2017) https://www.bundestag.de

zu bestehen. So haben Sponsoren, Investoren, Banken oder sonstige Konzerne auf die ausgegliederte KG keine Möglichkeit zu einer feindlichen Übernahme.[39]

Welche Rechtsform für einen Profisportverein letztendlich die richtige ist, muss jeder Verein nach einer sorgfältigen Abwägung der jeweiligen Vor- und Nachteile für sich selbst entscheiden und damit einer drohenden Löschung entgegentreten. Eins steht fest, ein richtig oder falsch gibt es nicht, denn welche Rechtsform der Verein wählt, ist eine individuelle Entscheidung. Je nachdem welche Ziele der Verein verfolgen möchte, sind manche Rechtsformen besser geeignet als andere. In der Praxis scheint sich die GmbH & Co. KGaA durchgesetzt zu haben.[40]

Der Rechtsformwechsel von professionellen Sportvereinen birgt einige Nachteile, aber im Großen und Ganzen vor allem Vorteile für die Vereine. Ein Nachteil, der vor allem bei Traditionsvereinen von großer Bedeutung ist, ist der befürchtete Verlust von Tradition- und den Stimmen der Fans.[41] Ein als e.V. organisierter Verein hat außerdem Steuervorteile gegenüber den in anderen Rechtsformen organisierten Proficlubs.[42] Hinzu kommt, dass für die Umwandlung in eine AG ein passender Investor gefunden werden muss, was nicht für alle Vereine einfach ist.[43] Ebenso spricht gegen einen Rechtsformwechsel, dass die Vereine ihre Rechte an Agenturen abtreten und der Einfluss der Fans auf die Geschehnisse des Vereins daher schwindet.[44] Am meisten ins Gewicht fällt jedoch das Argument, dass vor allem die großen Vereine in den Profifußballligen „vorpreschen" und dadurch eine schiefe Finanzausstattung der Ligateilnehmer nach sich ziehen.[45] Außerdem schraubt die Rechtsformumwandlung Transfersummen und Spielergehälter in die Höhe, da sich die Haftungen, Leistungsbefugnisse und Besteuerung sich ändern und letztendlich besser gewirtschaftet werden kann, sodass Vereine in der ursprünglichen Form des e.V. in Bredouille geraten.[46] Ein weiterer Nachteil ist die Tatsache, dass die Gesellschafter bei der Rechtsform der GmbH ein unabdingbares Einsichts- und Auskunftsrecht (§ 51a GmbHG). Für einen Profisportverein bedeutet das

---

[39] Vgl. Deutscher Bundestag (10. März 2017) https://www.bundestag.de
[40] Vgl. Beiten Burckhard (09.März 2017), http://blog.bblaw.com
[41] Vgl. Ingwersen, F (09. März 2017), http://www.abseits.at
[42] Vgl. ebenda
[43] Vgl. ebenda
[44] Vgl. Beiten Burckhard (09.März 2017), http://blog.bblaw.com
[45] Vgl. Müller, J.C.: 1999, S.123ff
[46] Vgl. Ahonoukoun, F (09. März 2017), http://90-m.com

den Einblick in Gehaltslisten und Spielerverträge.[47] Der Verein macht sich somit transparent für die Öffentlichkeit.

Der Rechtsformwechsel von Profisportvereinen bringt dem Verein viele Vorteile. Betrachtet man die Umsatzzahlen diverser Profifußballvereine stellt man fest, dass diese die Größenordnung mittelständischer Unternehmen erreicht haben. Da bei einem e.v. aber die Gemeinnützigkeit im Vordergrund steht, haben viele Vereine ihren Lizenzspielerbereich in eine andere Rechtsform ausgelagert, um ihre Rechtsfähigkeit nicht entzogen zu bekommen.[48] Auch ist ein Rechtsformwechsel notwendig, um die Konkurrenzfähigkeit gegenüber anderen Vereinen, vor allem Vereinen im Ausland, aufrecht zu erhalten.[49] Der Zugang zum Kapitalmarkt bietet für den Verein enorme Chancen. Die Lizenzspielerabteilungen können expandieren. Zur Verwirklichung müssen allerdings auch Änderungen in der Organisationsstruktur der Profivereine vorgenommen werden.[50] Vor allem der Schutz der Gläubiger und Mitglieder vor möglichen Vermögensverlusten ist in der Form des e.v. unzureichend, denn das Vereinsrecht sieht keine Publizitätsvorschriften vor.[51] Bei Überschuldung oder Illiquidität droht Konkursverschleppung. Mit der Gründung von KGs geht ein Kapitalzufluss einher, welcher zur Lösung akuter Schuldenprobleme beitragen kann oder für den Bau eines neuen Stadions genutzt werden kann.[52] Der aktuellste Auslöser für den Börsengang der Vereine ist der Stadionneubau. Ein Stadionbau ist heutzutage über einen anderen Weg kaum noch möglich. Die prekäre Lage öffentlicher Haushalte lässt die Modernisierung oder den Neubau neuer Stadien kaum noch zu, weshalb Vereine auf private Investoren angewiesen sind.[53] Die Ausgliederung der Profiabteilungen auf Kapitalgesellschaften ist nicht nur aus Gründen der Rechtssicherheit, sondern auch aus Aspekten der Gewinnung strategischer Partner dringend anzuraten. Welche Rechtsform der Verein dabei letztendlich wählt, ist eine individuelle Entscheidung. Je nachdem welche Ziele der Verein verfolgen möchte, sind manche Rechtsformen besser geeignet, als andere. In jedem Fall aber ist dem Verein zu einem Rechtsformwechsel, vom e.V. weg anzuraten, da dieser für den Verein eine Menge Vorteile mit sich bringt.

---

[47] Vgl. Ingwersen, F (09. März 2017), http://www.abseits.at
[48] Vgl. o.A.: 2015, o.S.
[49] Vgl. Müller, J.C.: 1999, S.122
[50] Vgl. Ahonoukoun, F (09. März 2017), http://90-m.com
[51] Vgl. Müller, J.C.: 1999, S.124
[52] Vgl. Müller, J.C.: 1999, S.125
[53] Vgl. Müller, J.C.: 1999, S.123

Textteil zu Aufgabe B3

Der schnell wachsende Markt des Sports, insbesondere des Fußballs stellt die Verantwortlichen in Vereinen, Verbänden und deren Vermarkter vor neuartige sportökonomische Herausforderungen. Sportvereine werden immer mehr zu Wirtschaftsunternehmen und müssen auch wie solche geführt werden. Durch die wachsende Professionalisierung ist der Sport immer mehr zu einem bedeutenden Wirtschaftsfaktor geworden, der nur allein durch Improvisation und guten Willen nicht mehr erfolgreich bewältigt werden kann. Der Großteil der Sportanbieter ist gemeinnützig ausgerichtet, dennoch sind Prinzipien eines modernen Managements notwendig, um sich erfolgreich im Sportgeschäft behaupten zu können.[54]

In der ersten und zweiten Fußball-Bundesliga und in anderen großen Sportvereinen beschäftigt heute jeder einen professionellen, hauptberuflichen Manager. Es gilt deshalb in der Qualität der Führung Schritt zu halten, mit der Weiterentwicklung ökonomischer Aktivitäten. Die Entscheidungsträger im Sport müssen, egal ob im eingetragenen Verein oder in einer Kapitalgesellschaft so ausrichten und leiten, dass der sportliche aber vor allem auch der ökonomische Wettbewerb erfolgreich bestritten werden kann.

Im Gegensatz zu anderen gemeinnützigen Branchen war im Sportbereich gemeinnütziger Sportvereine lange Zeit ein Mitgliederzuwachs zu verzeichnen, bis sich dieser im Jahr 2015 rückläufig entwickelte.[55]

Auf Grund der geringeren Kosten durch den Einsatz von Freiwilligen und Ehrenamtlichen sollten nichtkommerzielle Vereine in der Lage sein, sich im Wettbewerb mit kommerziellen Vereinen Effizienzvorteile zu erarbeiten. Da jedoch bei vielen Vereinen eine abnehmende Bereitschaft zur Mitarbeit besteht, können betriebswirtschaftliche Instrumente eingesetzt werden, um dem entgegenzuwirken.[56] Um den Verein aufrecht zu erhalten, muss die Arbeitskraft auf eine andere Weise organisiert werden. Dies macht die Erhöhung der Eigenfinanzierung erforderlich. Ein Mittel dafür ist die Erhöhung des Mitgliedsbeitrags. Damit riskiert der Verein allerdings die Entstehung einer negativen Spirale, da ein erhöhter Mitgliedsbeitrag Mitglieder möglicherweise zu einem Austreten bewegen könnte.[57] Eine Chance dennoch neue

---

[54] Vgl. Bölz, M.: 2015, S.6
[55] Vgl. Fink, N./ Ingerfurth, S.: 2016, S.7
[56] Vgl. ebenda
[57] Vgl. ebenda

Mitglieder zu gewinnen, ist dass sich die Vereine auf die Gewinnung passiver Mitglieder konzentrieren. Ein Beispiel dafür gibt es im Profifußball. Der VFL Wolfsburg hat seine Lizenzspielermannschaft in eine GmbH ausgegliedert und versuchte in der Saison 15/16 „Mitglieder" für den sogenannten „Wölfeclub" zu werben. Diese Mitgliedschaft für 30€ stellt keine Vereinsmitgliedschaft dar, sondern bietet lediglich Vorteile im Ticketkauf etc. Eine Mitgliedschaft beim VFL Wolfsburg e.V. hingegen berechtigt für die Nutzung der Sportkapazitäten, kostet allerdings auch 186€ im Monat.[58] Dies ermöglicht dem Verein zusätzliche Einnahmen, ohne dass man Gefahr läuft, dass die infrastrukturellen Kapazitäten für neue Mitglieder nicht ausreichen.

Durch die stärkere Angleichung der Angebote im Sport, wird der Wettbewerberkreis aus Sicht der einzelnen Vereine immer größer. Es entsteht eine Rivalität um Kapital, Arbeit und Kunden auf Grund von rückläufigen öffentlichen Zuschüssen und dem immer stärker werdenden Wettbewerb. Vereine müssen also neue Wege gehen, um neue Kunden zu gewinnen, bisherige Kunden zu halten, finanzielle Stabilität zu erwerben und somit erfolgreich im Markt zu bestehen. Um diesen Herausforderungen gewachsen zu sein, ist der Einsatz betriebswirtschaftlicher Instrumente möglich und hilfreich. Voraussetzung dafür ist die genaue Kenntnis der einzelnen Kundengruppen und der verschiedenen Managementinstrumente.[59]

Eingetragene Vereine segmentieren ihre Kunden in unterschiedliche Gruppen und versuchen eine Beziehung zu einzelnen Gruppen aufzubauen, damit ein Kundenverhältnis langfristig besteht und ausgebaut werden kann.[60] Die vier wichtigsten Kundengruppen sind Spender/Großspender (Mäzene), Mitglieder, Freiwillige/Ehrenamtliche und Sponsoren. Ein Mäzen fördert gemeinnützige Organisationen uneigennützig.[61] Durch die systematische Förderung wollen die Unternehmen gesellschaftspolitische Verantwortung demonstrieren und steuerrechtliche Vorteile nutzen. Damit stellen sowohl Spender als auch Mäzene, durch ihre Spenden zentrale Ressourcen für die gemeinnützigen Vereine zur Verfügung und sind für das Management der Vereine also eine zentrale Bedeutung.[62]

---

[58] Vgl. Fink, N./ Ingerfurth, S.: 2016, S.16f
[59] Vgl. Fink, N./ Ingerfurth, S.: 2016, S.7
[60] Vgl. Fink, N./ Ingerfurth, S.: 2016, S.10
[61] Vgl. Fink, N./ Ingerfurth, S.: 2016, S.11
[62] Vgl. Fink, N./ Ingerfurth, S.: 2016, S.12

Der Kundengruppe der Mitglieder kommt eine Doppelfunktion zu. Sie nehmen sie Leistung des Vereins in Anspruch und organisieren gleichzeitigen deren Struktur und Abläufe. Ohne ihren Beitrag wäre eine Existenz der Vereine unmöglich.[63]

Freiwillige und Ehrenamtliche stellen ihre Arbeitskräfte für den gemeinnützigen Sportverein kostenlos zu Verfügung und sind damit essentiell für dessen Überleben.[64]

Sponsoren arbeiten nach dem Prinzip von Leistung und Gegenleistung. Sie erbringen eine Leistung in Form eines Geldzuschusses und erhalten eine vorab klar definierte Gegenleistung. Aus Sicht des nichtkommerziellen Sportvereins stellt sich allerdings die Frage, was genau als Gegenleistung zur Verfügung gestellt werden kann und wo die Grenze zwischen Sponsoring und Spende zu ziehen ist.[65] Das Unternehmen gibt Geld und erhält im Gegenzug über den Fußball ein Image. Fußball ist für den Sponsorenmarkt so interessant, weil er viele Emotionen aktiviert. Die Möglichkeiten des Sponsorings sind dabei sehr vielfältig. Allerdings müssen ein sponserndes Unternehmen und ein Verein auch zusammenpassen, sonst kann das Sponsoring durchaus auch eine Fehlinvestition sein.[66] Ein weiteres Problem des Sportmanagements ist der nicht kalkulierbare sportliche Erfolg. Es ist also möglich, dass man in Wettbewerben schlecht abschneidet, obwohl viel in die Verstärkung der Mannschaft investiert wurde. Bei der Führung sowie der Markenbildung im Breitensport treten ähnliche Probleme auf. Mehr als 23 Millionen Menschen in Deutschland sind Mitglieder in einem Verein und haben daher die Möglichkeit in diesem Sport zu treiben. Es ist also jeder dritte Bürger Kunde einer Sportorganisation, im Regelfall eines Sportvereins. Ebenso wie es bei Spitzensportvereinen schwierig ist, sportlichen Erfolg zu kalkulieren, ist es bei Breitensportvereinen schwierig, das Angebot so zu differenzieren, dass in einer alternden und sich zunehmend individualisierenden Gesellschaft sie sich im Wandel befindlichen Sportbedürfnisse auch weiterhin in der Breite befriedigt werden können – und dies auch noch kostendeckend finanziert werden kann.[67] Um erfolgreich aufgestellt zu sein, müssen Vereine heute integrativ statt kompetitiv aufgestellt sein. Um Sport zu managen, muss man die unterschiedlichen Formen des Sports auch unterschiedlich ökonomisch fassen.

---

[63] Vgl. ebenda
[64] Vgl. Fink, N./ Ingerfurth, S.: 2016, S.13
[65] Vgl. Fink, N./ Ingerfurth, S.: 2016, S.14
[66] Vgl. Bölz, M.: 2015, S.6
[67] Vgl. Bölz, M.: 2015, S.7

In unserer sich wandelnden Gesellschaft ist es wichtig, dass sich Familien wieder mehr in Vereinen zusammenfinden. Die Familienstrukturen heute sind nicht mehr so stark, wie sie es mal vor 30 Jahren waren. Sport kann in einem hohen Maße dazu beitragen, dass Familien wieder Erlebnisse miteinander teilen und generell mehr Zeit miteinander verbringen. So bringt der Vereinssport die Möglichkeit den familiären Zusammenhalt zu stärken und den sozialen Austausch zwischen Generationen zu stärken.[68]

Sportvereine befinden sich im Wettbewerb und müssen sich verstärkt um junge Mitglieder kümmern, um nicht „auszusterben". Problematisch ist das in der heutigen Zeit, da kein Vereinssport mehr notwendig ist, um sich zu treffen und auszutauschen. Heutzutage geschieht dies über soziale Netzwerke und Handy. Das ist eine Gefahr für das Vereinswesen. Manager von eingetragenen Vereinen stehen also vor der Herausforderung, das Vereinswesen für junge Menschen wieder attraktiv zu gestalten und sie zur Mitgliedschaft und Teilnahme zu bewegen, um dadurch ein Aussterben des Vereinswesens abzuwenden.

Betrachtet man den Managementbereich der Finanzierung am Beispiel des FC Rot-Weiss Großauheim e.V. genauer, lässt sich erkennen, dass der Verein sich nicht nur durch Mitgliedsbeiträge finanzieren kann, sondern zu einem Großteil auf die Hilfe von Sponsoren angewiesen ist.[69] Der Verein setzt bei der Finanzierung also vor allem am Prinzip der Fremdfinanzierung an, bei dem Kapital aus externen Quellen gewonnen wird.[70] Der Mitgliedsbeitrag liegt für Erwachsene aktuell bei 40€. Der Verein kommt den Mitgliedern insofern entgegen, als dass es einen geringeren Beitrag gibt, für Kinder/Rentner/Auszubildende/Studenten und für den Fall, dass man mehrere Kinder gleichzeitig im Verein angemeldet hat.[71] Aktuell kann der Verein auf 16 Sponsoren zählen, die ihn bei der Aufrechterhaltung des Spielbetriebs unterstützen. Um aktiv neue Spender für den Verein zu sammeln, müssen zunächst alle Sympathisanten des Vereins identifiziert werden. Das sind alle Personen oder Firmen, die von der Vereinsaktivität positiv berührt werden. Bei den Sympathisanten handelt es sich um potenzielle Spender.[72] Diese können sein: Vereinsmitglieder, derzeitige und bisherige Spender, Mitarbeiter, Ehrenamtliche, Lieferanten oder Sponsoren. Es gilt dann, möglichst viele Informationen

---

[68] Vgl. Bölz, M.: 2015, S.10
[69] Vgl. http://www.fcrotweissgrossauheim.de (20.03.2017)
[70] Vgl. Vgl. Fink, N./ Ingerfurth, S.: 2016, S.21
[71] Vgl. http://www.fcrotweissgrossauheim.de (20.03.2017)
[72] Vgl. Vgl. Fink, N./ Ingerfurth, S.: 2016, S.25

über diese Spender zu sammeln und in Erfahrung zu bringen, ob sie bereit sind zu spenden oder warum sie nicht mehr spenden (gerade bei ehemaligen Sponsoren).

Ich als Manager würde neue Wege gehen, um zusätzliche Mittel für den Verein zu beschaffen. Eine Möglichkeit dafür ist das sogenannte „Fundraising", was frei übersetzt „Geld bzw. Mittel beschaffen" bedeutet[73]. Dieser Weg der Mittelbeschaffung ermöglicht die Chance, neue Sponsoren zu aktivieren. Viele Personen oder Unternehmen sind möglicherweise bereit, den Verein zu sponsern, aber kommen nicht von alleine auf den Verein zu. Auf diesem Weg wird aktiv Spendenakquise betrieben. Das Fundraising beinhaltet aber nicht nur das Sammeln von Geldspenden, sondern auch das Einbringen von Zeit für eine ehrenamtliche Tätigkeit, das kostenlose zur Verfügung stellen von Dienstleistungen und Ressourcen oder auch das Einbringen von Wissen in den Verein, was bei eingetragenen Vereinen von großer Bedeutung ist. Außerdem könnte man z.B. einen Prominenten, der evtl. aus der Umgebung stammt, dazu bringen, bei Rot-Weiss Großauheim präsent zu werden, um so zusätzlich Sponsoren und Mitglieder zu akquirieren. Das Risiko dabei ist allerdings, dass diese neu gewonnenen Sponsoren und Mitglieder sich wieder abwenden, wenn der oder die Prominente nicht mehr präsent ist und somit erneut wichtige Gelder fehlen. Eine weitere Chance, die ich wahrnehmen würde, ist die Möglichkeit, sich beim Amtsgericht in die Liste für gemeinnützige Vereine einzutragen, um verhängte Bußgelder zu erhalten.[74] Des Weiteren besteht die Möglichkeit, als gemeinnütziger Verein, Zuschüsse zu beantragen. Diese erhält man, wenn man als Verein durch die Zuschüsse Leistungen für die Gesellschaft bringt.[75] Sie stellen eine weitere Einnahmequelle dar.

Im Managementbereich der Finanzierung ergeben sich für einen Manager also einige Chancen und Risiken, die es in Kauf zu nehmen gilt, um den Verein in eine finanziell erfolgreichere Position zu bringen.

---

[73] Vgl. Fink, N./ Ingerfurth, S.: 2016, S.24
[74] Vgl. Fink, N./ Ingerfurth, S.: 2016, S.62
[75] Vgl. Fink, N./ Ingerfurth, S.: 2016, S.27

Literatur- und Quellenverzeichnis

Abseits.at: abgerufen am 09. März 2017 von

http://www.abseits.at/in-depth/fusball-business/e-v-ag-oder-gmbh-die-frage-nach-der-richtigen-rechtsform-erklaert-am-beispiel-freiburg/

Beiten Burkhardt: abgerufen am 09. März 2017 von

http://blog.bblaw.com/die-ausgliederung-von-profimannschaften-aus-dem-verein-rechtliches-muss-oder-freie-entscheidung/

Bölz, M.: Sport- und Vereinsmanagement - Sport organisieren und Vermarkten

Schäffer/Pöschl Verlag. Stuttgart 2015

Deutscher Bundestag: abgerufen am 10. März 2017 von

https://www.bundestag.de/blob/413496/.../wd-10-006-08-pdf-data.pdf

Der Tagesspiegel: abgerufen am 10. März 2017 von
http://www.tagesspiegel.de/wirtschaft/aufregende-aktien-2000-borussia-dortmund-anstoss-an-der-boerse/188730.html

FC Rot-Weiss Großauheim: abgerufen am 08. März 2017 von
http://www.fcrotweissgrossauheim.de/der-verein/vorstand/

Fink, N./ Ingerfurth, S.: Nichtkommerzieller Sportverein:

Managementherausforderungen. SRH Riedlingen. Riedlingen 2016

Fink, N./ Ingerfurth, S./ Steinhügl, C.: Nichtkommerzieller Sportverein: Gründung,

Organisation und Recht. SRH Riedlingen. Riedlingen 2016

Habersack, M.: Gesellschaftsrechtliche Fragen der Umwandlung von Sportvereinen in
Kapitalgesellschaften. Scherrer, U. (Hrsg.) Stuttgart 1998

Müller, J. C.: Fußball-Klubs als Kapitalgesellschaften. In: Professionalisierung im Sportmanagement. Horch/Heydel/Sierau (Hrsg.) Meyer & Meyer Verlag. Aachen 1999

Müller, M.: Der deutsche Berufsfußball – Vom Idealverein zur Kapitalgesellschaft. Berlin-Verlag Spitz. Berlin 2000

Nagel, S./ Schlesinger, N.: Management im Sport – Betriebswirtschaftliche Grundlagen und Anwendungen der modernen Sportökonomie. Nufer, G./ Bühler, A. (Hrsg.) Erich Schmidt Verlag. Berlin 2012

O.A.: Internationalisierung von Dienstleistungsunternehmen am Beispiel des FC Bayern München. GRIN-Verlag. München 2015

OP-Online.de: angerufen am 08. März 2017 von
https://www.op-online.de/region/hanau/rot-weiss-kickt-grundschulen-733810.html

Young, D.: Nonprofit-Managementuntersuchungen in den USA. In: Professionalisierung im Sportmanagement. Meyer & Meyer Verlag. Aachen 1999

Zacharias, E.: Going-Public einer Fußballgesellschaft. Rechtliche, betriebswirtschaftliche und strategische Konzepte bei der Vorbereitung der Börseneinführung eines Fußball-Bundesligavereins. Erich-Schmidt-Verlag. Bielefeld 1999

90m: abgerufen am 09. März 2017 von
http://90-m.com/?p=225